Jean-Marc Buttin

Quelle heure est-il dans le grimoire du temps?

poésie

Éditions Dédicaces

QUELLE HEURE EST-IL DANS LE GRIMOIRE DU TEMPS?,
par JEAN-MARC BUTTIN

DU MÊME AUTEUR :

POÉSIE

Aux éditions Baudelaire (France) :
- Marée Maline, 2009.
- A cherche peur, 2011.
- Parloir, refrain d'exorcisme, 2013.

Aux Éditions Dédicace (Québec) :
- Temps nu lazuli, 2010.
- Cristaux de foudre, 2012.

Aux éditions mille poètes (États-Unis) :
- Jonquille et Lazuli, 2004.
- Ermitage Lazuli, 2005.
- Frousse Chagrin lazuli, 2006.
- Houle lazuli, 2007.
- Source Lazuli, 2008.

ROMAN

Angèle, sang d'amour, Editions Hubert Laporte (France), 1993.

ÉDITIONS DÉDICACES INC
675, rue Frédéric Chopin
Montréal (Québec) H1L 6S9
Canada

www.dedicaces.ca | www.dedicaces.info
Courriel : info@dedicaces.ca

2

Jean-Marc Buttin

Quelle heure est-il dans le grimoire du temps?

Quelle heure est-il ?

Il est aujourd'hui
Dans le grand miroir
Des traits et des plis
Sur les jours d'espoir

Je regarde cette silhouette
Façonnée au rythme d'un régime
De beaux oripeaux sur un squelette
Le résultat n'a rien de sublime

Il est déjà tard
Dans le grand miroir
Les plis du hasard
Aux désirs du soir

Je trouve un étranger dans un reflet
L'autre est ailleurs du temps loin demeuré
Derrière son regard dans ses secrets
Chantent les amours des jours enchantés

Il est encore temps
Hors du grand miroir
D'être un bel amant
D'aimer et vouloir

Je vis d'intuitions et de tendresses
Aux creux des rides coulent les amours
J'habite un temps qui n'a pas d'adresse
Aux éclats du désir d'aimer toujours

Il est lendemain
Dans le grand miroir
L'amour est sans frein
Même aux heures soir.

Aux amours de la Terre

L'océan de tempête
Détruit toutes les digues
Trop fragiles squelettes
D'estrans que l'homme brigue

Les forces de nature
Comme un désir sidéral
Donnent la vraie mesure
Des limites cadastrales

Comme un jet chaud de pisse
Sur une limace bleue
La mer ouvre ses cuisses
D'une miction désaveu

Son sexe bave un sable
De sel blanc d'eau de galets
Sur la peau désirable
Des hôtes de ses secrets

L'océan éjacule
Les vagues de son plaisir
Et les hommes reculent
Sur la terre ils vont gésir

Les amours de la Terre
S'envolent en tourbillons
Surchauffer l'atmosphère
Du corps chaud de ses saisons

L'océan de caresses
Donne fougue au feu de l'eau
Sur les rives tendresse
Jette l'homme au brasero.

Nouveau voyage

Caresses du printemps
Frissons des promesses
La belle escapade
Du grain des doigts de feu
Au large du désir
La houle de ton corps
Aux lèvres du plaisir.

Aux rives du plaisir

Aux pétales roses d'une nacre,
Les lèvres au goût de mer du large,
Ouvertes, béantes à leur sacre
Désir, aux lointains écarts des marges.

Des perles de nectar, aux rives d'or
D'une fontaine au plaisir épanché,
Suc sucré de langue frugivore,
Spasmes, houle d'une bouche assoiffée.

Une caresse au grain langue de chat,
Pour un coquillage aux senteurs ambrées,
Un volcan chaud, sous un océan plat,
Frisson séisme de grande marée.

Une lave coule en bouche chaude
Les pleurs d'une fleur de rosée, diamants
A cueillir d'une langue en maraude,
Sur le sel d'embruns d'émois affleurant.

Des profondeurs abyssales du temps,
Monte cette force tellurique,
Jusqu'au feu, bord oublié du présent,
En ses fragmentations atomiques.

Mille tsunamis sur une plage
Tournoient les sables et noient les galets
D'un océan, qui déferle rage
Dans un corps enlevé sur mille sommets.

Fleur, corolle, d'épines à croquer.
Pistil en gerbe de rivière feu
Sur une langue d'estran déserté.
Ressac et fureur d'élans camaïeux.

Prémonitions

Gel déprime
Fonctionnaires
Erotisme
Débonnaire

En février
Les amoureux
Sont convoqués
A être heureux

Gaz de schiste
Municipales
Grandes listes
Originales

Grands déficits
Dette en hausse
Satisfecit
Heures fausses

Chômage en crue
Tempêtes nues
Taxis des rues
Déconvenues

La grande joie
Se prend les doigts
Tous à l'étroit
Au fil des mois

Bientôt l'hiver
En plein été
Au goût amer
De nos regrets

Au mois de mai
L'Europe aux nues
Vend ses attraits
Sans retenues

Le beau printemps
Des élections
Souffle le vent
Des déraisons.

Digues de peur

Je suis agrégat des cristaux sel de la peur,
De cette frousse froide figée au ventre,
De cet effroi permanent de vieille terreur,
Séisme latent, dont je suis épicentre.

Au cœur du présent, le futur infini fuit
Vers d'imaginaires portes de haute mer,
Voyage toujours inachevé vers l'envie
D'être insensible au goût sacré de fruits amers.

Sur la corde raide des menaces vives,
L'équilibre au jeu du désir à réprimer,
Danse incertaine à ses sources créatives,
Sublime ivresse folle impossible à dompter.

Je suis, sangs rongés de ce frein invisible,
Sur les rives molles, d'un fleuve à se traîner,
Serpent lourd et lent de ses crues, irascible,
Aux emportements soudains toujours redoutés.

Aux nasses d'un filet d'une histoire enchaîné,
Le temps s'emmêle une tuyauterie bouchée.
Aux nœuds de peurs, l'aube des jours émancipés
Reste dans l'ombre des nuits de tous les secrets.

La crainte, sœur jumelle de déchirure,
Verrouille le seuil de toute sérénité,
Gardienne fidèle de sourde imposture,
Attentive à tenir celés les maux cachés.

Je suis intuition désarroi, delta échu,
De ce corps océan des fleuves de l'ailleurs.
Les affres de présages, toujours entrevues,
Taraudent de silence mes digues de peur.

Magie planétaire

A la missionnaire
Ou à la légère
Vil ou débonnaire
Par devant derrière...

Nos instincts grégaires
Aiment les manières
Du genre éphémère
Des pulsions amères

Amours pécuniaires
D'une reine fière
Ou d'une crémière
Crème à la cuillère

Rapports fiduciaires
D'êtres légendaires
Envies incendiaires
Des plus beaux bestiaires

Entre partenaires
Par devant notaire
Par derrière' le maire
Au cœur de la guerre

Partout sur la Terre
Amants de misère
Le sexe profère
Ses mots de poussière

Positions légères
Des élémentaires
Aux plus élitaires
D'un long inventaire

Bel itinéraire
De l'imaginaire
Aux rites primaires
Du plus beau mystère

Sexe planétaire
Aux mille manières
La même atmosphère
Magie sans repaire.

Grandeur des appétits…

J'ai très longuement regardé une vache,
Couchée sur le pré, là-haut, à ruminer,
Au cœur de son troupeau, aux cuirs bruns sans tache.
Le temps et la vie comme ensemble retrouvé.

Elle m'a toisé du plus profond de son œil noir,
Dans sa mastication au rythme saccadé.
Elle semblait absente à ce qu'elle paraissait voir.
Une' boule remontait son cou, qu'elle' mâchouillait.

Qui de nous deux regardait l'autre si proche ?
Nous étions posés, sur ce tableau de l'été,
Dans cet écrin de verdure, sous la roche
De cette montagne à vaches, ensoleillée.

J'ai pris le temps, qui se donnait en échappée,
De l'étreinte d'un frisson de bonheur simple,
Sur le sol de Chartreuse la vie sublimée,
De la rencontre de cet antique couple.

J'étais animal allongé sur la Terre,
Possédé par la vie qui me donnait la joie
De frémir, immense et minuscule hère,
Poussière d'étoile, par l'infini tutoyé.

Un steak tartare à la sauce relevée d'ail,
Une bonne tomme crémeuse pour dessert,
Les bons repas générés par ce beau bétail…
Une fin de loup a stoppé ce grand concert !

Voyage

Caresse du destin
Une douce embellie
Sur le creux de tes reins
Aux secrets de tes plis

Une main dessine
Les frissons de désir
Rives et collines
Au parcours du plaisir

L'amour dans un détour
Voyage sur ton corps
Cours du temps à rebours
Lèvres feu pour décor.

Les anneaux du temps

Dans la glace, les traces indélébiles
Des futurs anciens, oubliés au fil du temps,
Comme des diamants étoiles immobiles.
La chaleur brûlante du désir des amants.

Sur la frise des oublis, les arabesques
Des larmes, dans les plis de peau sans caresse,
Ecrivent en creux bleus de givre la fresque
D'un miroir sans teint, zébré de longues tresses.

L'eau vive a ruisselé sur des embrasements,
Qu'elle a saisis lentement dans son étreinte,
Lascive avec le gel d'un endormissement,
Du mouvement doux, figé dans cette empreinte.

Un soleil bleu de froid métal pose un regard
Sur une Lune rose de souffle divin.
Un rai de lumière noire du grand hasard
Eveille l'oubli d'une errance du destin.

Goutte à goutte, la glace fond entre les doigts
De sable blond d'une déesse aux perles d'eau.
En mille éclats se brisent les filets du froid,
Un baiser de lèvres, du temps l'un des anneaux.

Ciel en feu d'automne

Comme une orange en feu, posée sur l'horizon,
Le soleil pèse sur le bord bleuté du temps
De cet automne, gelé, traînant sa saison
Sur le désir frisson de se vouloir amant.

La montagne en contrepoids de rochers neigeux
Tient le précaire équilibre de l'autre bout
De l'espace ouvert à l'errance de mes vœux,
Prisonnier du froid d'un trop grand vide entre nous.

Sur mes doigts gourds aux morsures de ces frimas
Court la chaleur vive des caresses désir,
De vouloir te tenir blottie entre mes bras,
Corps à corps, en baisers feux de l'âtre plaisir.

Le jour perd au lointain sa lumière froide,
Qu'un ciel métal bascule vers l'obscurité.
Nos oublis nous tiennent en amours nomades,
Sur le balancier, entre l'ombre et la clarté.

Déjà une étoile scintille sur velours
Vibrant de l'éclat jauni d'une Lune d'or.
Le ciel ne sait plus de la nuit ou bien du jour,
Si le désir est en dedans ou en décor.

Le même incendie d'horizon me tourmente
Et le froid vif ne peut rien contre la chaleur
Qui réchauffe cette délicieuse attente
De ta peau tendre et de tes caresses douceur.

Je suis de ce bleu métal, au soir d'automne,
Saisi de lumière chaude sur l'horizon,
Dans le chaos des atomes de carbone,
Brûlure au ventre de la saison des pulsions.

Sur des croupes nues d'airain

C'est une belle attente,
Longue comme un vieux chagrin,
Aux bouquets de fragrances,
Frissons de peau sous la main.

L'amour, froissé des oublis,
Traîne son désir blessé
Dans les méandres de vie
Des jours de soleil glacé.

Une plainte trop sourde
Pour résonner d'un écho,
Comme une vague lourde
Sur le sable froid des mots.

C'est un bonheur encore chaud,
Des baisers de promesses,
L'espoir fou comme oripeau,
Une tendre caresse.

Mille et un des amours fous,
Clairsemés à l'horizon,
Aux cris Lune loup garou,
Se perdent en abandons.

Les corps nus s'entremêlent,
Aux passions vives d'envies,
A jouir pêle-mêle
De trop courtes embellies.

L'amour flâne au gré du temps,
Dans la moiteur des désirs.
Dans le souffle des amants,
Se disperse en avenir.

C'est une vaine attente,
Longue comme un vieux chagrin,
Une quête en errance,
Sur des croupes nues d'airain.

Poètes des lendemains

Poètes des heures creuses du temps,
Chantres des tempêtes apaisées,
Ménestrels des complaintes du vent,
Chanteurs des émois trop combinés,

Je vous déstrophe à la machine !
Les mots bleus et les accords tordus,
Qui vous cassent molle l'échine,
Pour qu'aux égouts partent vos reflux.

Je veux du sang et de la sueur,
Du sperme et du foutre en rivières.
Des heures noires aux profondes peurs,
Des nonnes baisées en prière,

Des charniers puanteur au grand jour,
Des ventres ouverts aux tripes sang,
Des attentats aux feux de l'amour,
Des secrets de famille à l'encan,

Des enfants nus mangeant du sable,
Des excisions en super scopie,
Des haches pour servir à table,
Des bourreaux repus de leurs envies.

Je veux du réel, à déborder
Par-dessus les digues érigées,
En coups de boutoirs non censurés
De mots à souffrir en liberté.

Voir la paix des déséquilibres
Faire ses courses au rebut des marchés,
Des enfants tirant au calibre
Sur leur père ivre de mal aimer.

Je veux des mots, d'images pensées,
Donner à lire le quotidien
D'un rêve ancien déjà effacé
Pour que fleurissent les lendemains !

Poète du temps des énarques,
Je surnage dans les mots trop bleus
Des bouquets fleuris, des arnaques
Du temps, blotti au gel des peureux.

Hallali de vieille salope

Tu peux maintenant te morfondre,
Crier à l'injustice du sort…
Seuls des spasmes, à te répondre,
Meublent l'absence de ton décor.

Vieille salope, tu as traîné
Ta carcasse dans les mauvais coups,
Usurpateur d'une identité,
Bien au chaud d'une meute de loups.

Tu as chassé, caché, embusqué,
Sans jamais oser t'aventurer
Aux avant postes pour la curée,
Redoutant trop d'être repéré.

Et puis un jour fou, tu succombas
Au vieux désir de planter tes crocs
Dans la chair tendre, et tu te lanças
A corps perdu comme un jeune chiot.

Tu as lâché ton poison haineux,
En mots foudre, lancés, pour tuer,
Sur le cuir de celui, trop curieux,
Que tu salivais de déchirer.

Tu as trop exposé ta meute
Dans ta course folle de haine,
Créant une sévère émeute.
Les loups t'ont mis en quarantaine.

Tu as dû, seul, subir le revers
De l'animal blessé, qui charge.
Chasseur, tu fus pris par le travers,
Quand tu voulais prendre le large.

Tu t'es pris un retour de corne,
Dans l'estomac de tes appétits.
A vouloir seul passer les bornes,
Déjà tu entends ton hallali.

Quand on veut s'inviter à table
Et qu'on a des crocs de jeune chiot,
Même salope infréquentable,
Les loups ne t'acceptent pour suppôt.

Mezzo Voce

Déambuler sur les rives de tendresse
Au gré d'une proximité hésitante
Une promenade au doux sucré d'ivresse
D'une ambiance aux tons lumière caressante

Un parfum pour que les mots pétillent à fleur
Posés comme baisers à cueillir le désir
Sur le bord des lèvres chatoyantes de peur
Fragrance à entrouvrir les plus beaux souvenirs

Etre ici transporter en harmonie du temps
Des amours qui envahissent tout l'espace
Sans autre but qu'un ailleurs imprécis latent
Où se disent mille silences de grâce

Une caresse d'électricité du jour
Echange d'ions en pôles de lévitation
Entre l'incertain du fil ténu des amours
Et le désir frisson de peau en floraison

Comme escargot entre les gouttes de rosée
Le bonheur se boit d'une simple évidence
A laisser le temps entre deux s'interpréter
Mezzo voce voyage au cœur de romance.

A jeun

Prenez une caresse.
Glissez-la sur cette joue,
Puis sur ces belles fesses,
Qui roulent là contre vous.

Respirez l'air de la mer.
Retenez votre souffle
Jusqu'aux flammes de l'enfer,
Où le désir s'engouffre.

Promenez votre regard
Sur ce galbe merveilleux.
Sans être proie du hasard,
Noyez-vous dans ces beaux yeux.

Aux fragrances du parfum,
Humez l'ivresse d'amour.
Cheveux blonds ou cheveux bruns,
Tissez le fil des bonjours.

Recevez ce sourire,
Comme la source de vie,
Où le désir s'inspire.
Accordez-lui vos non dits.

Tressez des mots susurrés,
Comme tabac à rouler
Dans un joint, pour les brûler
Au feu ardent des baisers.

Surtout ne demandez rien,
Quand le silence s'offre.
Point du jour azuréen,
Il ouvre tous les coffres.

Chapardez à satiété
Mille trésors animaux.
C'est le petit- déjeuner,
A croquer peau contre peau.

Le sexe, genre infini

Le sexe est une magie,
Bleue, repaire éphémère,
Qui apostrophe la vie
De voyages mystères.

Jouir à faire jouir
De l'autre au corps en émoi
Des élans fous du désir
De frissons chauds sous les doigts

Les insatiables quêtes
Sur la peau et dans les plis
Les baisers en recettes
Sur les vagues de l'oubli.

Se donner et se prendre,
Dans les houles tempêtes.
Aux souffles se suspendre
Aux orgasmes de fête.

Le sexe est notre magie,
Parcelle d'éternité,
Creux des amours alanguies,
Don des réciprocités.

Dans le désir assouvi,
Se niche la paix du temps
D'être à soi-même ébahi
De se vivre impermanent.

Apprends-moi cette magie
Au rythme de tes secrets.
Susurre-moi cette envie
D'être ton autre reflet.

Le sexe, belle magie,
Ne connaît pas de genre.
Il est source d'infini,
Quand les amours s'amarrent.

Abstinence et masturbation du siècle vingt et unième

Videos sexe gay sur le Web.
Un gras du bide' culbute un minet.
Un rut d'éléphant sur un éphèbe'.
Prout, prout ! A dada sur mon bidet…

Des râles à n'en finir de jouir :
Sexe hétéro du net épilé !
Pour tous les pensums du plaisir,
Le porno banal à satiété.

La carte bleue toujours alléchée.
« -Viens sur ma page me regarder ! »
Des corps en vente libre au marché
De la toile à tout prostituer.

Le plus répandu des commerces,
Pulsions et misère entre collées,
Coins de rues et cyber espace,
Les corps marchandises aliénés.

Violence et maltraitance sucrées,
Aux couleurs sang des larmes spermes.
Femmes, enfants, hommes chavirés,
Chaloupes d'humanité en germe.

Comment dompter le sexe animal,
Pour les orgasmes de la bête,
Que chacun porte en son for banal,
Dans le plaisir, sans queue ni tête ?

Le commerce d'amours consenties
N'a besoin de fric ni violence.
Chacun doit se connaître apprenti,
Aux fers, à jouir d'ambivalences.

Les plaisirs du sexe commercent,
Depuis l'amour, jusqu'à violence,
De tous leurs détours de misère.
Heureux les fous de l'abstinence !

Biologie du temps

Prise de sang
Crise de foie
Perte de poids
Le temps s'épand

Le soleil se brûle
La peau qui me contient
Manque de globules
Vieux frissons incertains

L'envie d'être amoureux
Au corps cette pulsion
Le plaisir d'être à deux
Croquer la déraison

Une entorse du pied
Pour courir les chemins
Au camphre parfumé
Aller vers le lointain

Le muscle se fait lourd
Sur les pentes du temps
Limites du toujours
L'amour devient absent

Appétit de nectar
De fruits rouges de sang
L'espoir dans le hasard
Enivré et tremblant

Prise de temps
Crise de foie
Perte de soi
Manque d'élan.

L'infini grimoire du temps

C'est aux confins des galaxies,
Aux creux de matière noire,
Où rien ne reste de l'oubli,
Que s'ouvre un très vieux grimoire.

Il contient les poussières bleues
Des arabesques fantasques,
Aux desseins sans tête ni queue
D'avenirs aphrodisiaques.

Ses pages sont des étoiles,
Sa couverture en voie lactée.
Des phrases traînent en voiles,
Sur des photons enluminés.

Nul jamais n'y viendra lire
Les prédictions des temps passés
Ni ouïr les unissons bruire.
L'espace s'y est échappé.

Les secondes, millénaires,
S'effondrent sur des siècles mous.
Personne ne vient distraire
L'éternité de son dégoût.

Dieu lui-même ne connaît pas
Ce frisotement de barbe,
Dont la matière ne veut pas
Pour frisson de peau imberbe.

Un grimoire ouvre et enferme,
Au gré des vents de galaxies,
L'intelligence en ses germes.
Il se disperse à l'infini.

La recette de la sauce Baba

-« J'ai tant de casseroles au cul ! »
Se lamentait un grand cuisinier,
« -Que tout s'emmêle dans mes menus,
Je ne parviens plus à cuisiner... »

-« Tes casseroles sur le piano
Joueront une belle partition.
Elles n'ont rien à faire dans ton dos,
Reprends courage beau marmiton ! »

C'est ainsi qu'un grillon murmura
Dans son chant d'amour en cuisine
Sa recette de sauce Baba
Pour un grand chef dans la débine.

Ce chef, par le sort très affligé,
Ecouta la voix de ce soleil,
Qui venait jusque chez lui chanter
La voie, pour sortir de son sommeil.

Sur son piano, il improvisa,
Au chant joyeux de cet insecte,
Cette nouvelle sauce Baba,
Qu'il goûta ! Et trouva infecte !

Morale de cette histoire là.
Quand on a casseroles au cul,
Qui font un vacarme brouhaha,
Les grillons sont tous de vrais faux-culs !

Belle indifférente

Spectre de grillage transparent,
Pêcheuse à la ligne aux seins sans vie,
Sur le bord abrupt d'un torrent,
Au bout d'un pont de bois, je la vis.

Etre éphémère de lumière,
Figée dans un rayon du couchant,
Au bord du chemin, singulière,
Femme nue, d'un vide perforant,

Entre les mailles claires d'acier,
Un corps à modeler du regard,
Aux formes charnelles suggérées,
Molle rencontre au gré du hasard.

Posée là, comme une invitation
A oublier le temps, sur les bords
Foisonnant de la végétation
D'un été chaud au lointain abord.

En plein hiver, froide de givre,
Intemporelle femme de vent,
Transpercée des rayons feux ivres
D'un soleil à l'horizon rasant,

Elle attend le passager du soir,
Au crépuscule de ses désirs,
Qui passera sans apercevoir
Les diamants de ses larmes plaisir.

Scintillements de froid et de feu,
Immobile dans son attente,
Elle cèle un mystérieux adieu,
Aux fils du temps, indifférente.

Les amours bleues

Sur l'aile à pois d'une coccinelle
Le vent du désir dans ses tempêtes
M'enroule dans ses lames rebelles
Loin des yeux le cœur en turlurette

Sur tes lèvres rouge coquelicot
Courent des étincelles de diamant
Perles rares aux sources larmes d'eaux
Des mots secrets croqués par les amants

Dans le tourbillon d'une galaxie
L'univers vole vers ses limites
Au bord de l'effondrement infini
Du délicieux chaos qui s'invite

Rondes comme la Lune aux soirs d'été
Tes fesses roulent sur les rayons bleus
Des éclats d'un éclair en rais striés
Ombres et lumières aux rythmes deux

Le regard clos sur les frissons de peau
Le sel griffe les doigts gourds de désir
Au tonnerre sueur au creux du dos
Vacarme silence au bout du plaisir

Sur l'aile à pois d'une coccinelle
Les points noirs de phrases non achevées
Mêlées au vent chantent de plus belle
Les amours bleues aux foudres de l'été.

Lumière noire de l'impossible néant

Gravitation,
Electromagnétisme,
Nucléarité :
Forces connues
De l'univers en extension.

Eclectisme,
Magnétisme,
Déterminisme :
Puissances des amours
Des êtres chimiques du désir en évolution.

Inconnue,
Mystérieuse,
Secrète :
Matière noire,
Divine énigme du temps.

Alchimie des attirances,
Le vivant, glouton,
Aspire à lui
Le présent,
Aux creux d'aspérités éphémères.

Sur la peau ridée de l'éternité,
La lumière devient noire
De fulgurants rêves biologiques,
Aux orgasmes colorés d'une déesse sidérale.

Nova d'un vieux grimoire,
Devin ésotérique,
Aux bouts de l'univers,
Le vide s'ouvre sur son point de rupture,
En un baiser d'amour,
Déconvenue
Des combinaisons chaotiques
De l'impossible néant.

Maîtrise du feu nucléaire....

Au creux de ton dos les plus beaux paysages
Le désir en ballade au grain fin de ta peau
Embarque nos sens au plus grand des voyages
De nos lèvres en feu aux sources bleues de l'eau.

L'homme un jour a cru enfin maîtriser le feu,
Le tenir chaud en sa tanière des hivers,
Pour y cuire sa viande à l'abri des affreux,
Vaincre les peurs des nuits noires de ses enfers.

Sur tes fesses les ombres du jour frémissant
Dessinent le galbe du plus bel univers
Que mes mains caressent aux contours des amants
Le feu du désir brûle nos rêves ouverts.

La femme un jour a cru enfin maîtriser le feu,
Le tenir chaud en sa tanière des hivers,
Pour y cuire sa viande à l'abri des affreux,
Vaincre les peurs des nuits noires de ses enfers.

Au feu des amours nos corps s'échappent du temps
Sur les parois lisses des orgasmes soudains
Pour y fuir le bonheur des plaisirs lancinants
Sur les braises chaudes de nos plus beaux chagrins.

Le feu de soleil nous tient en sa lumière
Petits charbons incandescents sur la Terre
Nous brûle du désir la belle misère
De nos baisers sur ses lèvres éphémères.

Prophète de fosse d'aisance

Tordre un texte, jusqu'à ses virgules.
Prendre un mot, pour seule perspective.
Pour amour, faire dire : je t'encule.
Se faire l'exégète d'invectives.

Enfermer un doux parfum de printemps
Dans les boucles noires d'un bêtisier,
Fantasmes nus mis aux gaz hilarants,
Comme du sable entre des doigts brisés.

Couvrir d'un drapeau taché de merde
Les plus belles couleurs de diamants bleus,
Pour que la raison fuit et se perde,
Dans l'inquisition de mots venimeux.

Lacérer de dents, longs crocs infectés,
Quelques phrases caresses sur la peau,
Pour les déchirer et les dépecer
Par la curée de meute de salauds.

Faire dire l'infecte aux mots de plaisir.
Peindre couleurs sang noir le fantasme
Eclatant au soleil lourd des désirs,
Pour l'oindre de gras fétides miasmes.

Sous l'haleine puante de vertu,
Accuser le rêve de main au cul
Et, surtout sans la moindre retenue,
Habiller de vice les plus beaux nus.

La joie étriquée des intégristes
Reste à jamais grise comme leur temps,
Figée dans la violence fasciste,
Pour faire taire les voix des incroyants.

Dans la robe de toute puissance,
Dénoncer un chant, une parole.
Jouir en bande de l'arrogance
D'éructer les plus forts apologues.

Il y aura toujours des poètes
A pendre au poteau des bienséances,
Repas faciles des faux prophètes,
Repus d'idées de fosse d'aisance.

Noir, gris, couleurs !

Noir ou gris ou bien gris et noir !
Seule tache d'une couleur,
Le blanc s'autorise à se voir.
Les teintes d'un temps sans saveur...

Les pensées sont de mêmes tons,
Pétillantes de lieux communs,
Regards tristes sur l'horizon,
Gris pour tous et noir pour chacun.

Des élégances suprêmes,
Costumes noirs et tailleurs gris,
Les élites et la crème,
Tous de noir vêtus ou de gris.

La palette de nos couleurs,
Contemporaines des idées,
A plongé dans un bain tiédeur,
Pour ne plus jamais s'égayer.

Surtout ne pas faire tache,
Rester neutre dans le terne.
Dans le goulag les gouaches !
Le temps que l'esprit hiverne.

Sur les écrans télévisions,
Au quotidien de nos regards,
Dans les bureaux, les grands salons,
Gris et noir des censeurs hagards.

Faites scintiller les couleurs,
L'arc en ciel pour seule ambiance !
Déchirons ce voile terreur !
Colères couleurs de nos chances !

Minou... Minou ? Minou !

Secret, à enflammer
L'ennui d'un vieux caillou.
Aux langues des tabous,
Féline destinée.
D'un corps à s'échapper,
Au bout des caresses,
Sous les doigts de l'oubli.
Aux toisons d'altesses,
Les spasmes rêveries
Du gémir à l'envi.

Des délices, gourou
Des élans les plus fous.
Du nectar le plus doux
A la vague de proue
Des amours sans verrou.
Aux lèvres bel écrou,
Des broussailles de feu
Brûlures de désir
Du bel envol vers les cieux,
D'embellie du partir.

Eden offert aux Dieux.

Minou ?
Minou, Minou...

Mon amour

Je n'ai jamais su te parler de nos amours.
La tendresse a pris des coups dans sa gueule d'or.
Les silences, les non-dits, les mots de toujours,
Entre nous, les déchirantes pulsions des corps...

Il m'aurait fallu apprendre les manières
De te dire l'enfer bleu de ma vie sans toi,
Passer au creux d'un silence la frontière
Des baisers de feu, aux larmes du désarroi.

Mille fois j'ai voulu, mille fois j'ai tenté,
Dans l'océan bleu, au large fond de tes yeux,
D'aller sur cette île où je te savais prostrée,
Pour te dire qu'ensemble on se conjugue à deux.

Mais rien d'autre ne m'est venu que le désir
De connaître encore l'effacement du temps,
Dans nos tempêtes désir à houle plaisir,
D'être plus encore ton insatiable amant.

J'ai écrit mille poèmes lâchés au vent,
Pour qu'ils aillent jusqu'à toi crier cet amour.
Jamais je n'ai su susurrer ce compliment,
En caresse du bonheur de chacun des jours.

Le temps creuse nos rides de peaux burinées
Et j'écarte encore ces mêmes blessures,
Pour y laisser le goût de nos baisers salés,
Sur les lambeaux de nos belles déchirures.

Mon amour je n'apprendrai pas, il est trop tard,
Ces mots que tu attends depuis le premier soir,
Ces mots pour transcender le chaos du hasard.
Mon amour, mon désir, mon rêve, mon espoir.

Pas d'la gnognotte

C'est pas d'la gnognotte,
D' l'ersatz, du faux-semblant.
Ca t'prend, te grignote,
Rien à faire, t'es dedans !

Ca t'bouscule les tripes,
A t'faire' des nœuds coulants.
T'as l'cerveau qui ripe,
Qu'ça en devient flippant.

Tu transpires la trouille
Par les trous de ta peau.
T'as les mains qui mouillent,
T'entends plus les oiseaux.

T'es sourd et t'es muet.
T'es tout blanc, exsangue.
Au fond de tes secrets,
T'as perdu ta langue.

Elle te prend dans ses rets,
Assèche ton souffle,
Te tient par le collet,
T'es une vieille pantoufle

Qui lâche les orteils
De tes pieds qui tanguent.
Tu voudrais qu'on t'réveille,
Tu gis dans la gangue.

C'est fort comme le désir,
Ca t'arrache du sol
Comme si t'allais vomir
Un trop mauvais alcool.

Ca t'tient les roubignoles
Par les pulsions de vie.
T'en restes croquignol.
Tu sais plus c'que t'en dis.

C'est rien qu'd'la poésie !

Entretien Professionnel, bis repetita...
(A la mémoire de François CAVANA).

Il en est, au temps du sexe à gogo,
Du porno sur tous les écrans du jour,
Qui frétillent encore tels des bigots,
A pourchasser l'érotisme et l'amour.

Qu'ils voient un bout de sein, une fesse
A peine suggérée sur le papier,
Ils se prennent de folies, d'ivresses,
Dans leurs fantasmes trop peu masturbés.

Sous un habit de prudes légistes,
Parés des oripeaux de leur vertu,
Ils deviennent alors analystes
Du moindre texte qui chante le cul.

Peuvent le déshabiller plus qu'il n'est,
Pour humer la sueur de tous ses mots,
Lui mettre leurs longs doigts où il leur plait,
Abuser de sa rime en gros sabots.

A califourchon et en levrette,
Imprimatur de ligue de vertu,
Poussent alors cris vifs et alertes,
Pour épandre leurs remugles de cul.

Veules poltrons de tristes figures,
Ils transpirent le foutre par le fion.
Mauvais coups de bien mauvais augures,
Un sperme noir tache leurs caleçons.

Poète, sache qu'un fort vent mauvais
Souffle dans les pensées de tes lecteurs !
Apprends-leur les fantasmes, les secrets.
En mots, caresse leur sexe en chaleur !

Par quelques entretiens professionnels,
Entraîne-les à la rime en ule,
Sublimes exercices spirituels,
Pour qu'enfin, en vers, ils éjaculent.

Les salauds

Les salauds n'ont pas de fantasmes
Ni de rêves non plus.
Ils ont le cruel enthousiasme
Des coups les plus tordus.

Penser les embrouille trop de mots.
Il leur faut de l'action.
Ils ont des burnes comme il le faut,
Cerveau dans l' caleçon.

Ils sont plus dangereux que les cons,
Qui ne doutent de rien.
La loyauté est un hameçon
Pour les dents de ces chiens.

Ils attirent pour mettre au tapin.
Se plaisent d'entre-deux,
Et, quand on ne se doute de rien,
Lacèrent de leurs crocs venimeux.

Ils aiment nager dans la fange,
Aux odeurs d'intrigues,
Le venin chauffé sur la langue.
Au cap, ils naviguent.

Les salauds trompent et besognent,
Sur l'hôtel des vertus.
Se repaissent de la charogne,
Evitant d'être vus.

Chérissent et couvent leurs pulsions,
Pour tirer leurs coups bas.
S'empiffrent avec délectation
De mordre et mettre à bas.

Ils caressent leurs plus vils instincts.
Mâles, bêtes en rut !
Amants du vice, pour leurs festins,
Leur seule joie, leur but.

Feu de l'ennui

Longue traversée du désir
Dans le chaud chaos des amours
Oasis des îles plaisirs
Sur la houle écume des jours

J'ai su mon bonheur achevé
Sur les lèvres d'une femme
A la sève feu des baisers
Aux brûlures d'une flamme

J'ai cru mon désir assouvi
Aux petits matins de ces nuits
De voyage au goût d'infini
Aux chutes de reins alanguies

J'ai vu d'autres hanches rouler
Des vagues chaleurs d'horizon
Au lointain encore appelé
Sur la peau de belles prisons

J'ai entendu les cris les pleurs
Des adieux en grains de sable
Sur les plages vides du cœur
Aux rides ineffaçables

J'ai toujours au bout de ces doigts
Le grain d'une peau à frémir
De la tendresse de beaux émois
A la source bleue du désir

Une quête au rêve de toi
A jamais l'amour de ma vie
Ton corps dessiné mille fois
Seul désir du feu de l'ennui.

Les hommes aiment les pommes

Z'ont pas besoin d'apprendre.
C'est un don qu'ont les hommes.
Ils savent se surprendre
D'excuses à la gomme.

Le désir les fait courir
Sur les vagues tempêtes
De frissons à alanguir
En baisers jours de fête.

Promesses sur les lèvres,
Donnent couleur à la nuit,
En caresses de fièvre
Sur la peau des insomnies.

Savent comment faire souffrir
Le bonheur qu'ils mordillent
En gerbes bleues du plaisir,
Sur la peau douce des filles.

Savent trouver le plaisir,
Au coin du temps, qui les tient
Au large de l'avenir
Des amours, pour un chagrin.

Z'ont besoin de leurs amours,
Déchirures du hasard,
Pour conjuguer les toujours,
Aves leur cœur de froussard.

Se cachent sous un cuir dur,
Oripeaux de tendresse,
Carapace et vieille armure'
De leurs belles faiblesses.

C'est un don qu'ont les hommes
Z'ont pas besoin d'apprendre
Savent cueillir les pommes
Qu'ils croquent sans comprendre.

Les baisers de l'oubli

Entre toutes les formes
Du destin d'un bel amour,
Inventeurs d'autres normes,
Tendres et cruels détours,
Haletants souffles désir,

Waterproofs comme le fard
Au rimmel bleu du désir,
Tes baisers du plus bel art,
Ensorcellent l'avenir.
Le déluge des envies
Lacère la peau du temps.
Interlude de la vie,
Entre caresses d'amants,
Ruisselle déjà l'oubli.

Entre toutes les femmes
Des méandres de l'amour
Impulsive de charme
Ton corps enchante les jours.
Havre en houle tempête.

Jusqu'au dernier, nous aimerons...

Toujours cette même histoire
D'avant la maîtrise du feu,
Ce même désir de boire,
Jusque ce matin, dans tes yeux.

Sous le couvercle des cités,
Le bouillonnement de sève
Des pulsions, jamais dominées,
Aux couleurs de nos grands rêves.

Nos peaux de bêtes parfumées
Lâchent, par leurs pores ouverts,
Les appels non domestiqués
Du désir en ses beaux revers.

La vie de nos conjugaisons
Construit le temps d'éternité,
Dans la fureur de nos passions,
Où nous allons nous rencontrer.

Nos corps colportent leurs envies,
Sous le soleil des appétits,
Transcendés d'amour par l'esprit,
Qui épouse le bel oubli.

Où nous voulons croire encore,
S'ouvre l'espace mémoire.
Toujours cette même histoire,
Destin d'amours dérisoires.

Ce temps là n'adviendra jamais,
Du désir en mortes saisons
Immobiles à satiété.
Jusqu'au dernier, nous aimerons.

Jamais trop

A trop rêver d'amour,
J'ai chiffonné les ans,
Sur ta peau de velours
Au plaisir des amants.

A trop parler d'amour,
J'ai enivré le vent,
Qui sur la lande court
Sur la peau des tourments.

A trop chanter l'amour,
J'ai bu le silence,
Qui vêt de ses atours
Les belles errances.

A trop croire en l'amour,
J'ai rencontré l'oubli,
Aux rythmes des détours,
Dans de trop nombreux lits.

Trop reste encore' trop peu,
A incurver le temps,
Devinant dans tes yeux
Ce désir fou brûlant.

Impromptu, désir des Dieux

Comme un air d'été en fête,
De soleil chaud, de foin coupé,
Des promesses plein la tête,
Le désir fou de nos baisers.

Impromptu, le désir jaillit
Comme tempête de ciel bleu,
Chevaux de feu des appétits,
Galops des émois amoureux.

Sur tes lèvres frémissantes,
Mille complaintes de plaisir,
A mordre cette enivrante
Fièvre braise à épanouir.

Nos mains caressent nos frissons,
Sur la peau nue de nos envies
Ecrivent nos conjugaisons
Au temps d'été des embellies.

L'un pour l'autre soleil et Dieu,
En corps à corps au cœur désir,
Au bel été des amoureux,
Au crêt des vagues du plaisir.

Aux parfums de nos possessions,
Nous sommes l'air l'eau et le vent,
A la magie des émotions,
Le fol été des beaux amants.

Feux de détresse

Feux de détresse
De la tendresse
Douces caresses
Mille promesses

Entre tes fesses
La belle adresse
De la richesse
Du sexe en liesse

Le temps détresse
Belle déesse
Les longues tresses
Des jeux d'adresse

L'amour nous laisse
Sur nos faiblesses
Tendre paresse
Jamais ne cesse

L'oubli nous blesse
De ses largesses
Quand il nous presse
De sa Hardiesse

Loin des caresses
Belle noblesse
Feux de détresse
De la tendresse.

Un mot

Dans le verbiage des lieux communs,
Au cœur des inepties modernes,
Quand les mots hébétés ne font qu'un
Lourd magma d'une pensée terne,
Une étincelle jaillit soudain,
Venue d'une brèche, parole
D'ouverture d'un discours mondain,
De l'esprit belle cabriole.

D'une bouche d'emphase, le vent
Laisse, sur des lèvres à baiser,
Un éclat de vie au feu du temps,
Comme un rot à l'air libre échappé.

Une perle luit de sa ronde
Fraîcheur de nacre sur peau ridée.
Bref fragment, lucide seconde
D'éternité déjà trop comptée.

Comme une larme à l'œil d'un crabe,
Ce diamant tombe sur la plage,
Arabesques, lettres arabes,
Aux fonds des flots, des mots, ravages.

Depuis très longtemps nul n'écoute
Le tintement cristal de ces mots,
Qui sombrent, sans qu'aucun ne doute
Du sérieux de tous les verbes hauts.

Ils font d'un sable blond la haine
D'un tapis de silice verbal,
Sur quoi s'ancre la longue chaîne
Des mots vides, d'acier sidéral.

Collier ourdi de grains de sable,
Ruisseau de bouches aux langues bleues,
Dégoulinantes et affables,
Mots balivernes de gens heureux.

L'un d'eux, plus fougueux que les autres,
Sur des commissures de lèvres,
Pose, brille, se fait le nôtre,
Chacun devient alors orfèvre.

Nuit de pleine Lune

Nuit loup garou de pleine lune,
Sous un rayon pâle tes fesses,
Horizon courbe haute dune,
Au sable du temps des caresses.

Parfum d'ambre et de désir d'amour.
La pénombre bleue s'illumine
Dans les interstices des toujours.
Couleur blanche d'une marine.

Sur la peau au grain d'un cuir souple,
Je pose des lèvres un baiser soie.
Au rai falot de l'astre un couple
Se prend d'amour, en corps aux abois.

Aux cris sourds du plaisir, étouffés
Des peurs d'une nuit de l'étrange,
Sur l'étoffe au creux de l'oreiller,
Les silences secrets s'échangent.

Astre hâle blême de lumière,
La lune roule sur ton corps nu,
Donne à tes seins leurs pointes fières,
Fleurs de couleurs au jour inconnues.

Ruisselle une onde de pénombre
Sur les souffles de nos doux plaisirs.
Nos corps tanguent, roulent et sombrent
Aux délices de nos mystères.

Nuit loup garou de pleine lune,
Sous un rayon pâle tes fesses,
Horizon courbe haute dune,
Au sable du temps des caresses.

Dans le sac des années, joyeux anniversaires

Joyeux anniversaire,
A s'aimer et se plaire.
Aux rides les mystères,
De caps imaginaires.

Au creux du ventre un frisson,
Un chaud pincement du cœur,
Se connaître à l'unisson
De ses désirs de bonheur.

Au décompte des années,
Les printemps de beaux amours,
Les larmes jamais séchées,
Des allers pris sans retours.

Aux déconvenues du temps,
La chaleur de l'affection,
Sous les plis de cheveux blancs,
Les couleurs des intuitions.

Se savoir, sans âge aimé,
Dans les méandres des ans,
Dans le miroir regarder
Des yeux purs toujours aimants.

Fidèle à son histoire,
Accepter ses lendemains,
Ne pas douter et croire
En ceux dont on tient la main.

Joyeux anniversaire,
A s'aimer, se refaire.
Dans le bel inventaire,
L'amour en bandoulière.

Bisque bisque rage...

Bisque Bisque rage
Pour le roi chômage
Y'a plus d'enfants sages
Aux creux des corsages

Un énarque amoureux
Rue du cirque à moto
Pour un bel entre deux
S'est fait prendre en photo

Un président casqué
Blague de cornecul
Sur des courbes galbées
Se fout du ridicule

Vie privée vie publique
Dur métier qu'être roi
Le bon peuple lubrique
Se caresse les doigts

Inversion des courbes
Statistique en berne
On aime les fourbes
Et leurs balivernes

Bisque Bisque rage
Pour le roi chômage
Y'a plus d'enfants sages
Aux creux des corsages.

Aversion des promesses d'inversions de courbes

A défaut de semer de nouvelles graines,
Certain énarque veut inverser la courbe
De température de brûlantes haines.
Plus que tout, les peuples chérissent leurs fourbes.

Chacun aime entendre de douces promesses,
Qu'il sait bien impossibles à réaliser.
Mais les mots hypnotisent d'une caresse
Les douleurs et empêchent de trop y penser.

Monsieur BARRE, jadis, inventa un slogan,
Brillant économiste du bout du tunnel.
D'autres, sur la pente raide et droite du temps,
Ouvrirent la voie des gestes en quenelles.

La politique s'est gavée de finances.
Courbant le dos, en bien dociles serviteurs,
Les citoyens sont tous partis en vacances,
Pour devenir débiteurs de bonimenteurs.

Chacun pour soi, au quotidien de galère.
La belle idée d'Europe travestie en lois,
Froids règlements d'un modèle de misère,
Et des marchands de guerre, pour faire bon poids.

Empathie mondaine des guerres lointaines.
De dette en chômage et en rigueur sociale,
Zélotes des finances, faiseurs de haines,
Tous, nous aimons boire les leçons magistrales

De ceux que nous élisons pour ne plus trop voir
Les absurdités que nous aimons produire.
Les deux pieds dans les bottes de nos beaux avoirs,
Nous attendons, sereins, l'arrivée du pire.

La démocratie n'est plus qu'un gargarisme,
Pour une pensée vide de projet social.
Notre temps se donne nu aux intégrismes.
Comme des poissons, nous tournons dans le bocal.

Deux mille quatorze

Des perles de cristal
Prismes clairs du futur
En ourlet de pétales
D'une belle aventure

Sur les rebords du temps
Les coutures de l'amour
Unissent d'entre-temps
Les jamais les toujours

La plus belle des fleurs
Aux parfums de délices
Petit brin de bonheur
Au mystère de tes cuisses

Nectar de déesse
Des lèvres muettes
Les flux de promesses
Aux rives secrètes

Une année lumière
Des baisers de désir
Que les jours éclairent
Des aurores de plaisirs

Je lampe la rosée
Sur des fils bleus de soie
D'une soif étanchée
Au calice des rois

Une année nouvelle
S'ouvre d'éternité
De la peur fidèle
De ne savoir aimer.

Le plus vieux métier du monde...

Il a tant d' casseroles au cul,
Que lorsqu'il pète on ne l'entend plus.
Il nous montre sa face d'ange,
Pour cacher tout ce qui dérange.

C'est un bonimenteur, camelot,
Qui déballe son vieux baratin,
Dans un ensorcellement de mots,
Marie le réel à l'incertain.

C'est un surfeur de vagues de vent,
Conjuguant le faux à tous les temps,
Habillé de ses entourloupes,
Vend du sable pour bonne soupe.

Diplômé d'institut commercial,
Mêle les techniques de vente
A son délire verbal abyssal,
Créant le désir et l'attente.

Peut vous présenter votre frère,
Vous persuader de découvertes.
Habilement il saura faire,
Pour vous mener à votre perte.

Il a quelque chose à vous vendre,
Quand vous ne voyez que promesses
Sans nul besoin de vous défendre.
Il cerne déjà vos faiblesses.

L'écouter, c'est perdre l'intérêt,
Niché aux creux de vos silences,
Des passions vives de vos secrets,
Seul nectar de votre existence.

Il a tant d' casseroles au cul,
Que lorsqu'il pète on ne l'entend plus.
Il cache tout ce qui dérange
Et bientôt, tout cru, il vous mange.

Radio solitude

La radio bavasse, dans la pièce vide,
Une conversation nourrie entre savants
Pérorant pour eux des phrases insipides,
Que les murs blancs, froids, avalent, indifférents.

Conversation égarée en son propre écho
De mots précieux roucoulés sur le bord du temps,
Ailleurs, nulle part, loin d'ici, un flot de mots
Coule sur des cravates de soie boniments.

Le silence trouve pourtant sa place en creux.
Il se pose là, entre les voix du néant,
Lourd, comme le cœur de plomb d'un vieil amoureux,
Qu'une idylle a laissé dans ses rêves d'amant.

Un trait de lumière porte la poussière
En grains myriades microscopiques de vie
Sur le métal froid, luisant, de la lanière
D'un fusil, sur le sol, au côté d'un grand lit.

Les mots, bercés de silence, viennent tomber
Sous le poids de l'absence, qui ferme le temps,
Dans une flaque de sang noir illuminée
D'un trait de soleil, oublié du firmament.

Les mots monotones se noient dans cet oubli,
Au large des frémissements de la pensée.
Un homme suicide, à jamais sourd à la vie,
A ouvert la radio avant de s'en aller.

La radio bavasse, dans la pièce vide.

Bruit de casseroles

Métaphore, où tu peux,
Parabole à deux balles,
Du rêve, dans les pneus
De tes pieds en sandales.

Fable, sur le sable
Des marchands de rêves.
Fièvre, misérable
Des pulsions sans trêve.

Allégorie blanche,
D'un écran de soleil
Aux courbes des hanches
Du désir en éveil.

Un vent chaud, sur la peau,
Sèche le sel sueur.
Se collent quelques mots,
Sur les grains de la peur.

Un cri se perd la nuit
Des profondeurs d'amour.
Promesses à l'envie
De connaître le jour.

Métaphore, où tu peux,
Loin des mots paroles.
Le vide, dans les yeux,
Bruit de casseroles.

Cécité de devin,
Vieux fou de misère.
A croire son destin
Scellé sur la Terre.

Dédicace à une blatte

Tu ronges sans fin ta haine,
Dans le placard, où tu t'es mis.
Au cœur creux de ta déveine,
Tu cherches en vain tes amis.

Les chevaux de la violence,
Que tu as lancés en furie,
Ont berné ta vigilance,
T'emportant vers les gémonies.

Tu sens déjà le cadavre.
Tes mots lourds suintent la peur.
Tu as démoli le havre,
Qui te protégeait des fureurs.

Ton imposture, ciselée
A force de mots de putes,
A pourri ta langue gonflée,
Qui bloque l'air de ta flute.

Déjà la lutte finale
Te drape du drapeau rouge
De tes viles bacchanales.
Tu sens la mort, rien ne bouge… ?

La haine est une salope,
Qui te sucera tout le sang.
Vieil instrument rectoscope,
Elle fouira ton triste temps.

Tu dégoulines des diarrhées,
Que t'ont refilées tes amours
Mal propres et mal tarifées,
Aux entrelacs du fil des jours.

Le sol de tes saloperies
S'ouvre béant sur le vide.
Spectre mou, tu t'évanouis,
Loque molle aux temps putrides.

Merci d'ôter ta dépouille,
Elle' pollue le paysage.
Emporte au-loin tes embrouilles.
Laisse en paix les enfants sages.

Désir d'embellie

Désir d'embellie.
Sur la caresse de tes lèvres,
Sur le velours de ta peau,
Dans l'horizon de ton regard,
Dans les secrets des plis du temps.

Désir d'embellie.
Laisser courir mes doigts
Sur l'onde de tes hanches,
Faire naître le frisson
Des vagues de fièvre.

Désir d'embellie.
Sur ton ventre chaud
Goûter la sève de vie
De ton sexe parfum,
De tes cuisses ouvertes.

Désir d'embellie.
Sur le temps des amours,
Sentir tes lèvres sur ma peau,
Ta bouche croquer mon souffle,
Nos corps portés d'une seule envie.

Désir d'embellie.
S'aimer de notre oubli,
Etres et plaisirs de l'amour,
Inventeurs de houle.
Au plus lointain possible,
Jouir à s'aimer,
Vivre à se désirer.

Morale clandestine

Pourquoi s'essayer à la bonté gratuite,
Quand on peut jouir à satiété du bon grain
De délicieuses saloperies fortuites,
Qui s'offrent chaudes et nues au cours du destin ?

La morale, me direz-vous, et l'éthique,
Gardiennes du grand temple des savoir-vivre !
Bien fades, maigres et éculés viatiques,
Aujourd'hui impropres à la joie de vivre.

Le temps est à la jouissance sans borne.
Bien sot, celui qui s'engage à contre-courant,
Tel un ermite sceptique aux jours bien mornes.
Il moisira de sagesse, ivre de vent.

Qui serait assez fou pour rembourser le Fisc
Du trop perçu de l'erreur d'un de ses agents ?
Qui accepterait de se compter dans les risques'
Dégâts collatéraux de dysfonctionnements ?

J'ai pratiqué longtemps ces austères vertus,
Jusqu'à être la risée de tristes amis,
Qui s'égayaient de me voir vivre si pointu.
Je déplore amèrement mes vieux appétits.

Ils m'ont conduit aux tristes regrets, de chagrins
Manqués à rester toujours fidèle aux vertus.
Aujourd'hui, spectre désuet sans lendemain,
Sous les oripeaux de morale, je vais nu.

La bonté gracieuse n'a d'autre long chemin,
Que la gloire lumineuse de se savoir
A soi-même respectable de son destin,
Sans autre pensée que de toujours s'émouvoir.

Je suis jouisseur de morale assassine.
A trop vouloir toujours profiter des vertus,
Qui font des amours les heures clandestines,
Je pose aujourd'hui les mains sur leurs jolis culs !

Tendresse bleue

La tendresse se fait bleue
Des caresses de l'oubli,
Des larmes sur les adieux
D'une suave embellie.

Le chemin est impasse
Du désir de vérité,
Où l'ennui se prélasse
Sur des lèvres à baiser,

Aux rencontres des amours,
Vers les orgasmes de vie,
A la lumière des jours
Des voyages de la nuit.

Solitudes en fusion,
Les pulsions de nos sexes
Morfondent les confusions
De rêveries perplexes.

Nous restons beaux étrangers,
Aux chaos cataclysmes,
Méandres de destinées
En fol irréalisme.

Au large de nos douleurs,
Nous courons vers l'inconnu,
Vainqueurs de nos belles peurs,
Sur les rides de peaux nues.

Catherinette

Pain d'épice, miel, cannelle,
Un œillet bleu sur ton ventre.
Lazuli de tes prunelles,
Du désir bleu l'épicentre.

A l'été de la Saint Martin,
Parfum poivré de nectar chaud.
Les boutons roses de tes seins,
Aux lèvres fièvre sur ta peau.

L'automne s'offre un caprice,
Dans les rues froides d'un soleil.
Aux caresses des délices,
Une fleur endort son sommeil.

Tes frissons sous les oripeaux
Des chagrins de l'été d'oubli.
Catherinettes en chapeaux.
Soulève la houle d'envie !

Croque pétales d'épices !
La bouche aux baisers de désir.
Tombe la vieille pelisse,
D'un ciel orangé d'avenir.

L'éternité a la chiasse

Le néant est-il encore mieux que rien ?
Oxymore de l'être et du néant.
La vie, l'absence de vie, comme un rien.
Quintessence, vide noir de l'absent.

L'éternité s'échappe par la mort,
Celle qui précède, celle qui suit.
Fulgurant instant de l'être en son sort,
Dans cette propre inconscience de vie.

Le feu chaotique des atomes
S'éveille en une chaleur entrevue,
Dans le rêve intelligent de gnomes,
Où l'éternité se cherche une issue.

A chaque être son big bang primitif.
L'extension de l'univers en chacun.
L'interruption d'éternité en vif.
L'éternel en chaleur de sens commun.

Chaque parcelle de vie ramène
La frise d'éternité du néant
A d'intuitifs épiphénomènes,
Qui résonnent d'oublis dans le présent.

L'éternité se prend d'une chiasse,
Dans ses brefs instants de lucidité,
A se savoir sans aucune impasse,
Pour lui dire enfin comment commencer.

Le néant d'avant, d'après, de toujours,
Ce vieux film qu'aime à voir l'éternité,
Se projette en milliards d'instants d'amour
Des êtres écrans de leurs destinées.

Ne crois pas que j'ai oublié

Ne crois pas que j'ai oublié !
Je suis juste un peu en retard.
Je marche nu, déshabillé,
Le sexe feu en étendard.

Banque du sperme des hommes,
Au congélateur des banquiers.
Banque des graines du monde,
Aux confins d'apocalypse.

Ne crois pas que j'ai oublié !
Je suis juste un peu en retard.
Quelques poils de toison d'amour,
Comme un buisson des merveilles.

Ton sourire s'est échappé
De ma mémoire précoce.
Je tourne en rond, dans ce bocal
Aux parois rondes d'un ciel bleu.

Sous mes doigts, les aréoles
Au grain de sable de tes seins.
Mon rêve s'éveille au désir,
Sur tes lèvres de baisers bleus.

Ne crois pas que j'ai oublié !
Je suis juste un peu en retard.
Le cœur, en chamade d'oubli,
Bat aux creux des plis des.. Encore !

Tempête bleue quotidienne,
D'imaginer tes pas de chat
Sur le sable chaud de l'estran,
Tes courbes en houle de mer.

Ne crois pas que j'ai oublié !
Je suis juste un peu en retard.
Je viens te dire que j'ai trouvé
Ce bel amour dans un placard.

Au milieu des graines de vie,
Perdu d'un magnifique ennui,
A donner des orgasmes noirs
A l'univers des fous d'espoirs.

Equinoxe d'amour

Les nuits comme les jours
Equinoxe d'amour
Le désir brûle temps
Aux frissons des amants

Au rythme de houle
Quand nos corps s'enroulent
Aux tempêtes passion
La plus belle saison

Nos souffles se brisent
Au bout de la frise
Des caresses du vent
De nos beaux ouragans

Les étoiles au jour
Dans le ciel des amours
Des lueurs de la nuit
Eclairent l'infini

Equinoxe d'amour
A s'aimer nuit et jour
Jusqu'au temps oublié
D'un éternel été.

Grand jeu

Dans le brouhaha bruit de fond
De la rumeur du monde en feu,
J'ajoute ma contribution,
Pour participer au grand jeu.

Dans la soupe bleue des pensées
Sans queue ni tête à attraper,
Je jette des mots versifiés,
Pour faire' grumeaux à avaler.

Dans la mixture des blablas,
J'emmêle un peu d'intimité.
Pour être des fous d'ici-bas,
Je me gratte le bout du nez.

Nous n'avons plus le courage
D'interroger nos principes.
Pour oublier nos adages,
Chacun de nous participe

A la fête permanente
Des raccourcis de la pensée,
Des sentences fulminantes
De l'expression prédigérée.

Je proclame la fin des taons,
Pour que les vaches soient en paix,
A jouir de leur passe temps
Sans mouches pour les déranger !

Le vieux silence est prohibé.
Chacun se doit de trop parler,
Pour étourdir les vérités
De mots de fous à satiété !

Amants d'automne

Toujours soleil du plein été
Le désir aux jours d'automne
Frémit des rêves colorés
De nos caresses friponnes

Nos bouches croquent nos baisers
De l'appétit chaud des amours
Comme raisins murs et sucrés
Aux couleurs cuivre de ces jours

Nos corps se cherchent empressés
Sous la houle des tempêtes
Des frissons de nos peaux hâlées
Aux criques les plus secrètes

Vient le temps bleu des vendanges
A boire à la treille de vie
La sève de nos échanges
Fruit sauvage de nos envies

Toujours soleil du plein été
A l'horizon du jour couchant
Par le désir de mieux s'aimer
Hors du temps éternels amants.

Au jour renaissant

La plus belle des statues
Erigée au point du jour
Sous les draps une entrevue
Erection du mal d'amour

Ton sexe sur piédestal
Sucre d'orge de printemps
Au voyage sidéral
Du matin doux des amants

Tes lèvres sur le désir
Prononcent le silence
D'une journée des plaisirs
De langoureuse errance

Tes seins pointent l'avenir
Au grain des aréoles
Dans les vagues du partir
Vers ce tout nouvel envol

La lumière caresse
Du soleil chaud de la vie
Les galbes de l'ivresse
D'un corps à corps à l'envi

Notre atelier création
Redessine nos formes
Nos mains soufflent nos frissons
Au plaisir multiforme

Mille étoiles de la nuit
Eclairent le jour naissant
Des orgasmes assouvis
Offerts au jour renaissant.

Camargue

Grains de sel grains de riz
Caresses du Mistral
Le regard lazuli
Sur un ciel abyssal

Camargue au souffle chaud
Du mufle des taureaux
Le Vaccarès en clapots
Au crin blanc des chevaux

Le ciel chante les feux
Des pailles de brûlis
Terre d'hommes heureux
Des violences de vie

Le Rhône en majesté
De sa force indomptée
Irrigue de son sang
Celle' dont il est l'amant

Embruns de rage sel
La Méditerranée
Aux Saintes les pucelles'
D'une côte érodée

La mer et le Rhône
Amants fous éternels
S'étreignent en faunes
Dans leurs amours cruelles'

Fleurs de sel fleurs de riz
Fleurs sueurs d'hommes
Bouquets sable de vie
Au temps métronome

Grains de sel grains de riz
Caresses du Mistral
Le regard lazuli
Sur un ciel abyssal.

A l'ingrate rime en atte

C'est une rime assez ingrate,
Rot de bien trop mauvais picrate,
Invention d'énarque en cravate,
Confusions du temps et des dates.

Instincts sexuels de primates,
Elle jouit seule en renégate,
Lâchant quelques coups de savate,
A ceux qu'elle baise en spartiate.

Elle aime arborer les stigmates
De ses luttes d'aristocrate,
Dans ses contorsions d'acrobate
Aimant se dire démocrate.

Elle' s'acoquine à la patate,
Par défaut, parfois lauréate,
Concubine pâle aromate
Du chant plus rare du mainate.

Du nom de rare ploutocrate,
Elle sait se faire délicate,
Mais demeure toujours ingrate,
Propice aux chants de pélobates.

Elle fréquente toutes les blattes,
En placards les plus disparates.
La haine très souvent l'hydrate.
Bonne' fille, rime stylobate.

Enfants coups...

Les mots se mêlent en confusion
D'un trouble d'émoi du sens sacré.
L'absence, règne d'une intuition,
Imprègne un temps déjà en allé.

Est incongru le reste à dire,
Quand les mots trop lourds sont à pleurer,
Quand l'innommable est à maudire.
Au ventre, la haine à ruminer.

L'humanité en perte sèche,
Perdue comme une source tarie
Dans les profondeurs d'une brèche,
Béance fauve d'amours folies.

Homme et femme à l'autre dépendants,
Soumis aux violences bestiales,
Ignorent les douleurs des enfants
D'amours sordides et triviales.

Les coups, comme les jours déchirés,
Sur ces enfants, figés dans la nuit,
Dans les abysses des oubliés,
Aux cris étouffés, restés sans bruit.

La misère d'esprits aliénés
Dans une société tumulte,
Folle d'impuissances acharnées
Dans les brumes d'heures occultes.

Le supplice permanent d'enfants,
Coupables d'être nés des amours
D'innocents monstres, que notre temps
Chérit du commerce de nos jours.

Comment apprendre l'amour aux morts
Encore vivants de la haine,
Rongés à cœur de leur triste sort,
Pour rompre enfin toutes leurs chaînes ?

En bouche l'absence

Le soleil me brûle la peau,
En atomiques radiations.
Si près de toi, là, aussi haut,
Le désir fou, l'excitation !

Seul, posé sur un nuage,
Dans un ciel d'été limpide,
Je surfe la vieille rage,
Bonheur torrent en rapides.

Volcan intérieur déchaîné,
Mon amour se perd en rêve
Dans la profonde immensité,
Où mon temps flotte et dérive.

Hallucinations sublimes,
Ton parfum, tes lèvres, ta peau,
Effluves des plus intimes,
L'un et l'autre ensemble à nouveau…

Violence de l'absurdité
D'une solitude d'oubli,
Seul, aux remous de volupté.
L'air se déchire de mon cri.

Je contemple l'insolite,
En bouche l'absence et son goût.
A jamais je ne te quitte,
Pour ce rêve à brûler, si doux.

Assis sur un toit du monde,
Je regarde le torrentiel
Des impasses et la ronde
Des amours noyées dans le ciel.

D'une commissure

Sur le grain de ta peau
Mes lèvres t'abreuvent
De la fièvre des mots
Des ivresses neuves.

Dans le fond de tes yeux
Je pars en voyage
Aussi loin que tu veux
Jusqu'au bout des âges.

Les tétons de tes seins
Dressent ton désir feu
Houle de coups de reins
Aux vagues d'entre deux.

Dans le creux de ton dos
Je caresse l'espoir
Des frissons fleurs de peau
Promesses à échoir.

Sur tes fesses Lune
Belle créature
Au sable de dunes
D'une commissure

S'ouvre l'espace bleu
Des volcans d'océan
Embruns de tes cheveux
Au sel d'ambre brûlant.

Sur la toison douce
De ta prairie d'amour
Ma langue détrousse
Nos plaisirs au long cours.

A l'orée du nombril
Perle un diamant luisant
Le battement d'un cil
De sève filament.

Mordu de haine, fou de déraison

La haine, sans fin, traîne son fleuve sable,
Donne ses couleurs, odeurs de vases noires,
Aux antiennes ineptes d'un misérable,
Ivre d'une vengeance toujours à boire.

Sa raison se noue, au temps privé de futur,
Dans l'impossible échappée de son impasse,
Pavée de certitudes au bas de hauts murs,
Sur lesquels résonne une violence crasse.

Sonné, debout sur le ring de ses vieux combats,
Perdu, seul au loin d'un murmure de foule,
Il sent la rage le ronger de ses débats
Intimes, chaviré d'une douce houle.

Nul ne peut le défaire de cette haine,
Qui le tient à jamais vainqueur de ses démons.
Mille coups portés sur ses folles rengaines
Ne feront taire son refrain de déraison.

Il titube et sa rage le porte à vouloir
Encore et toujours se dire la victime
De l'injuste sort, que lui renvoie le miroir.
Il veut briser ce reflet illégitime.

La haine est son Eden en son présent perdu.
Elle le porte à être à lui-même seul dieu
De victoires perverses, de combats, repu
D'une toute puissance à se connaître preux.

La haine ne peut pas mourir et s'en aller.
Elle est sa gloire et son aura de victime,
A jamais elle portera sa destinée,
Seule passion aux creux secrets de l'intime.

Plutôt la mort, que cette injuste défaite.
Dieu ne saurait abandonner sa création.
La haine, seule vraie compagne parfaite,
Ne saurait vivre sans jouir de déraison.

Odeur de vase et de vieil encens

-« C'est pas moi, enfin j'étais pas tout seul,
Y'en avait d'autres, là, aussi présents ! »
Il a tout soudain bien moins grande gueule,
Cherche des excuses, comme un enfant.

Sans vergogne, sous les lourds oripeaux
D'une fausse morale crasseuse,
Il n'a pas craint l'usage chien, des mots
D'une éructation très aboyeuse.

-« c'est pas moi, enfin j'étais pas tout seul ! »
Il tortille dans ses petits souliers
Quelques excuses de prude bégueule,
Invoquant la cape d'immunité.

En embuscade avait tiré son coup,
Du noir refrain de vieilles antiennes,
En mots puants, sortis de fonds d'égouts,
Morsures de sang, de crocs de chienne.

Aujourd'hui, débusqué, il doit parler,
Devant un juge au grand jour s'expliquer.
Tel qu'il est, en lumière il apparaît.
-« C'est pas moi, enfin j'étais pas tout seul ! »

-« C'est pas moi, y'en avait d'autres aussi ! »
Il se dédouane sur ses comparses,
Reportant la faute sur ses amis.
Gros Jean, pauvre dindon de sa farce.

Tel est pris, qui pourtant croyait prendre.
A voulu abuser d'un beau statut,
Il lui faudra maintenant rapprendre,
Comment le vice baise la vertu.

-« J'étais pas tout seul, ce sont les autres ! »
Il continue à se dire innocent,
Pour n'avoir fait que copie des autres.
Une odeur de vase et de vieil encens…

Ma vieille selle est cassée

Ma vieille selle est cassée.
Comment monter à cheval,
Repartir en chevauchées?
Arçon brisé, lot fatal.

Je resterai sur mes pieds,
Entre les jambes du vent.
Dans la tête mille années,
Dans les doigts, du sable temps.

Ma vieille selle est cassée.
Loin du lit des amours bleues,
Au bout du jour en allé,
A n'être plus amoureux.

Je resterai allongé,
Sur le ventre frisson froid,
Au rêve d'éternité
Des troubles du désarroi.

Ma vieille selle est cassée.
Sous les décombres de feu,
Rues perdues enchevêtrées
Dans un dédale d'adieux.

Je resterai assoiffé,
Une fontaine tarie
Pour borne d'humanité,
Aux abysses de folie.

Ma vieille selle est cassée.
Sous les gravats de l'oubli
Le cuir, le thym, mélangés,
Parfums de mes insomnies.

Je resterai enivré,
Des senteurs, des fragrances,
Du vol d'un cheval ailé
Aux plus belles errances.

Eclaircies de l'oubli

Invite-moi dans les éclaircies de l'oubli
Au creux trop froid de ce besoin de tendresse
Dans les sillons du désir secret de nos plis
Sur les tisons du temps de tendres caresses

Ouvre la fenêtre au souffle chaud des amours
Sur la pointe de tes petits seins aux embruns
D'une houle de frissons aux ressacs trop lourds
Les courants fièvre du grain de peau d'une main

Laisse fondre cette glace des longs hivers
Aux galets ronds et luisants d'un ruisseau soleil
Roule sur le foin chaud des chemins de travers
Embrasse les lèvres feu de ce bel éveil

Oublie ces retenues des carcans de la peur
Glisse féline contre le rêve de vie
Tes cheveux en flammes sur un ciel enjôleur
Invite-moi dans les éclaircies de l'oubli.

Vernaculaire

Laisse mourir les mots
Qui n'ont plus rien à dire'
Désuets ou falots
Laisse-les s'affadir.

Le grand cimetière
Des vernaculaires
Engraisse la Terre
Des langues Trouvères.

Laisse le silence
Oublier les accents
Sous l'impertinence
Des verbes impudents.

De ta langue morte
Reste quelques textes
Que le temps exhorte
A tourner leur veste.

En spectres facétieux
Ils reviendront hanter
Le verbe fallacieux
Des jours anglicisés.

Laisse mourir les mots
Ils reviendront plus forts
C'est leur destin leur lot
De dire au loin nos torts.

Quand nous ne serons plus
Ces mots vivront encore'
Mémoire' de temps diffus
Ils vaincront notre mort.

Pigeon de feu

Le feu embrase tes lèvres,
Ton ventre s'enflamme déjà
Du désir, de cette fièvre
De l'étreinte, de nos ébats.

De l'insatiable séduction,
Douce raison de survivre
Dans le plaisir de l'évasion
Des émois qui nous enivrent.

Êtres aux forces du désir,
La soif ne saura s'étancher
A la source du chaud plaisir,
Que par nos corps entrelacés.

De battements de cils discrets,
De baisers à mordre le temps,
Jouir du plaisir des secrets
Du souffle chaud de beaux amants.

Goûtons les frissons de l'amour,
Suspendons le fil des saisons,
Pour un instant une heure un jour,
La plus belle conjugaison.

Tel ce pigeon aux plumes bleues,
Sur un toit aux tuiles chaudes,
Je roucoule pour tes grands yeux,
Près du soleil je minaude.

Je ne crains aucun des dangers,
Qui viendraient rompre le charme.
Je suis le plus beau des ramiers,
De l'amour je tiens les armes.

Le feu embrase tes lèvres,
Ton ventre s'enflamme déjà
Du désir, de cette fièvre
De l'étreinte, de nos ébats.

Pour dire je t'aime

Un dernier pour la route
Encore quelques phrases
Pour s'éloigner du doute
Qui ferait table rase

Quelques mots désordonnés
Dans les couleurs de fête
Pour les amours de l'été
Sans se prendre la tête

Avant le dernier souffle
Tout au bout de l'agonie
Avant que l'on s'essouffle
D'habitude et de l'ennui

Encore une fois sentir
La douce et saine chaleur
Cette vibration plaisir
Avant goût du vrai bonheur

Comme un baiser de l'amour
Une caresse tendre
A l'aube du point du jour
L'un et l'autre s'éprendre

Un poème pour l'amour
Une tarte à la crème
Pour que résonnent toujours
Les mots pour dire je t'aime !

Tendresse d'un rêve amoureux

Sous les oripeaux de la tendresse,
Les sexes mous et flasques des oublis
Des émotions de douces caresses
Cachent les blessures aux creux de leurs plis.

Un sable rêche burine le temps
Bruni de peaux bleues qui se délitent.
L'amour s'écoule des pores brûlants
Du désir qu'une embellie excite.

De longs cheveux se dispersent au vent,
Sur le manteau de misère des jours.
Reste le souvenir de vieux amants,
Qui ont cru aux promesses des toujours.

Un rêve pourtant illumine tout.
Sans faiblesse, il croît à son espoir,
Fort du bonheur de se connaître fou,
Dans le bleu langoureux d'un seul regard.

L'éternité déjà pointe son nez
Dans le brouhaha silencieux des nuits,
Au cœur des étoiles à scintiller,
La tendresse des amours l'envahit.

Prairie d'Emeindras

Prairie d'Emeindras
Tempête désir
L'été reviendra
Ourdir leur plaisir.

Tout près du soleil
Sur l'herbe d'été
Les sens en éveil
Deux corps enflammés.

Plus haut que le ciel
Ensemble enlacés
Désir torrentiel
Au feu des baisers.

Nus sous la roche
Aux cris des choucas
L'amour décoche
Flèches en ébats.

Un planeur léger
Surfant sur le temps
Témoin éthéré
D'envol des amants.

Parfums de terre
Sur leurs peaux brunies
Amours solaires
Repoussant la nuit.

Prairie d'Emeindras
Tempête désir
L'été reviendra
Ourdir leur plaisir.

Planète au cœur de la nuit

De nuit, assis sur mon canapé de salon,
J'ai vu la trace d'une météorite,
Entendu la foudre tomber sur mon balcon,
Reçu inerte ces troublantes visites.

Au cœur de l'univers, isolé dans la nuit,
Témoin naïf des puissances naturelles,
Je fus chaque fois, au doute de l'infini,
Emporté au bord des rêves de merveilles.

Sur une autre planète, sur un sofa cuir,
Un soleil bleu courtisait une Lune feu,
Dans les foudres laves d'un être à se languir,
Au même instant d'éternité, nous étions deux.

La nuit relâche parfois quelques mystères,
Jusqu'alors invisibles aux regards des jours
Des êtres perdus en de longues croisières
Aux bouts solitaires de leurs belles amours.

Gerbes de feu en étincelles de foudre,
Traînée de lumière blanche au cœur de la nuit,
Fulgurants morceaux de planète à recoudre
Le chaos des peurs sur la peau du vieil ennui.

Un tremblement de Terre, un coup de canon,
A quelques nuits de là une autre semonce,
Présages de l'ignorance d'un long chaînon.
Au cœur des insomnies bleues, quelques annonces.

La planète a des soubresauts, quelques frissons,
Dans le silence du velours noir de ses nuits,
Que je savoure comme grâce d'explosions
Des mystères infinis du désir de vie.

Place Victor Hugo

Le temps fugace,
Longue distance,
Entre nous, toujours
Conjugue l'amour.

Ce même parfum
Au verbe désir.
Nous ne sommes qu'un,
A l'instant plaisir.

Derrière' les soupirs,
Bleus, des silences
Bercent à frémir
D'effervescence.

Nos rêves posent
L'instant d'embellie,
Comme une dose
Du nectar de vie.

Sur un banc de bois,
Au cœur de ville,
Place, toi et moi,
Le temps en vrille.

Longues contorsions,
Dans ce parloir nu,
Sans murs de prison,
Le bel impromptu.

Un bref rendez-vous,
A la sauvette.
Un lien entre nous.
Conte fleurette.

Pêche interdite

Mille bouteilles à la mer.
Des bouteilles en plastique,
Des mots sur des houles d'enfer,
Des hauts le cœur pacifiques.

Plus d'un mètre cube de mots,
Balancé comme un grand radeau,
En Piles d'atomes sur l'eau,
Comme autant de petits bateaux.

Des esquifs, sans autres marins
Que des phrases qui se cherchent
Quelques rimes d'alexandrins
Données à la grande pêche.

De l'encre et du plastique en vers.
Un rêve de poète en plus,
Dans les pollutions de nos mers,
Pour un continent détritus.

La poésie se fout le camp.
Il ne reste plus de pécheur
Ni de filet sur l'océan,
Pour cueillir les mots de rêveurs.

Passeport

A se nourrir d'absence, l'amour se dilue
Au fil des pensées d'un désert solitude,
Oasis tarie aux promesses inconnues,
Où sèche le désir en sa lassitude.

La peur de l'oubli nouée au creux du ventre,
Comme un vide creusé aux abords du désir,
Quand on ne sait pas dire l'amour de l'autre,
Comme une bête blessée, on reste à souffrir.

Les distances s'ouvrent sur le manque infini
Des douces caresses sur la peau des frissons.
Les mots à susurrer ne sortent qu'en un cri.
Le cœur reste en hiver aux étés d'abandon.

Viens au bout du monde sur le bord des rêves.
C'est là que je t'attends aux soupirs de l'envie.
Je prends la voie de tes secrets et t'enlève,
Pour frémir ensemble d'une même embellie.

Mes lèvres silences caresseront ton corps,
De mots invisibles aux parfums des émois.
Les étoiles ouvriront le bel âge d'or,
Où nous nous aimerons enflammés toi et moi.

Aux tempêtes d'amour nous garderons le cap
Du plaisir chaviré en houle de nos corps,
Le temps perdu comme sublime handicap,
Dans la course au bonheur un même passeport.

Mouche des champs

Elle a tourné la clef des champs
En serrure de son rêve,
Pour déguster ce contretemps,
Allongée nue sur la grève.

Elle' sent le soleil sur sa peau
Dorer le sel chaud des embruns,
Le ressac de houle de l'eau,
Son odeur de pierre d'alun.

Elle' donne ses lèvres au vent,
Morsures du désir sable,
Caresses d'un nouvel amant,
Une torpeur ineffable.

Seule enfin au large horizon,
Elle vogue vers une île,
Sous la brise de ses frissons,
Une envolée immobile.

Elle glisse aux vagues de mer,
Comme un torrent fleuve d'amour.
Sur son sein nu un souffle d'air
Pose une mouche à contre-jour.

Une flèche perce le cœur
De ce doux ailleurs indolent.
Elle chasse ce visiteur
D'un revers de main nonchalant.

Une mouche impertinente
Court sur l'aréole d'un sein.
D'une seconde enivrante
Un rêve enfuit d'un tour de main.

Mourir à dix-huit ans

Pour la camarde, chaque cadavre,
Roi ou tricarde, fait ventre havre.

Les morts se comptent différemment
Pour les média, les politiques.
Selon qu'ils sont petits ou bien grands,
A chacun leur nécro topique.

Quand la mort t'enfourche à dix-huit ans,
C'est toujours la même impuissance,
L'abysse ouvert au cœur de parents,
Des amis soudain en errance.

Pour la camarde, chaque cadavre
Roi ou tricarde, fait ventre havre.

La bestialité des barbecues
Marseillais, qui brûlent des jeunes,
En triste banalité de rue,
Laissent des rivières de larmes…

Les barbares ont droit de cité,
Jusque dans le jeu politique,
Entre jeunes féaux encartés,
Loin des débats trop médiatiques.

Pour la camarde, chaque cadavre
Roi ou tricarde, fait ventre havre.

De Science-Po à la mort de juin,
Des voitures en cadavres feux,
A chaque mois ces tristes destins,
Trop de vies volées par les mafieux.

A chacun sa propre indignation.
C'est trop con la mort à dix-huit ans.
En violence du fric déraison,
La mort s'empiffre de ces printemps.

Pour la camarde, chaque cadavre
Roi ou tricarde, fait ventre havre.

Sublime désarroi

Je croyais me connaître,
Quand j'ignorais tout de moi.
Ne rien savoir de l'être,
Ce délicieux désarroi.
Accepter l'ignorance,
Aux questions des intuitions,
Goûter l'inconnaissance
Des jouissances sans nom.

Dieu se pourrait-il encore,
Dans les recoins de science ?
Dans une glande du corps,
Sublime amère absence.
Ne pas savoir et vivre
Les supplices des amours,
Les bonheurs à être ivre
De cet aller sans retour.

Dans les trous de conscience,
L'oubli trace les contours
Du rapport aux croyances,
Pour caresser les toujours.
Jouir nous laisse sans vie,
Le temps dans une brèche
De la lumière des envies,
Que nos plaisirs allèchent.

Accepter le non savoir.
Répondre je ne sais pas
Aux impasses du vouloir.
Devant l'écran agrégat
De l'histoire en images,
Arlequin d'appétence,
Couleurs de beaux mirages,
Chevelure de l'errance.

Je croyais me connaître.
Je ne saurai pas pourquoi
Un jour je vins à être
Au sublime désarroi.

www.ingramcontent.com/pod-product-compliance
Lightning Source LLC
Chambersburg PA
CBHW060438090426
42733CB00011B/2323